Stilvoll auf den Schlips getreten

STILVOLL AUF DEN SCHLIPS GETRETEN

Cartoons von Frank Hoffmann

LIT

Die Deutsche Bibliothek – CIP-Einheitsaufnahme

Stilvoll auf den Schlips getreten : Cartoons von
Frank Hoffmann . – Münster : LIT, 2001
  ISBN 3-8258-5236-9

©LIT VERLAG Münster – Hamburg – London
  Grevener Str. 179   48159 Münster
  Tel. 0251–23 50 91   Fax 0251–23 19 72

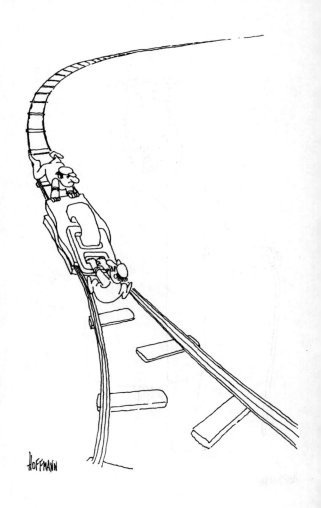

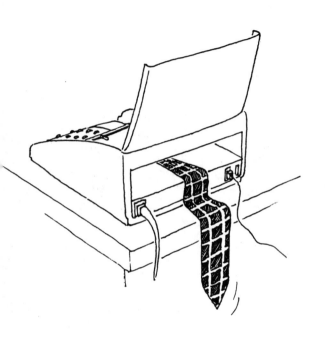

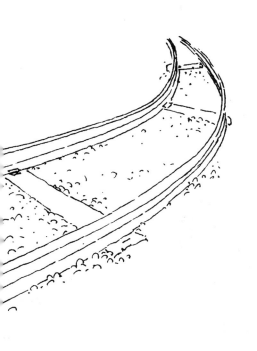

"WAS HABEN WIR BLOSS FALSCH GEMACHT? SIE LAUFEN JETZT ALLE SO 'RUM..."

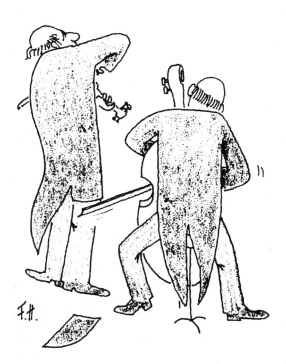

"DASS DU NEUERDINGS IMMER EINEN HUT VON MUTTER NIMMST, FINDE ICH ETWAS ÜBERTRIEBEN."

"ICH HABE DIE GRÖSSTEN KAROS: DIE SIND SO GROSS, DASS DER GANZE ANZUG IN EINS HINEIN= PASST."

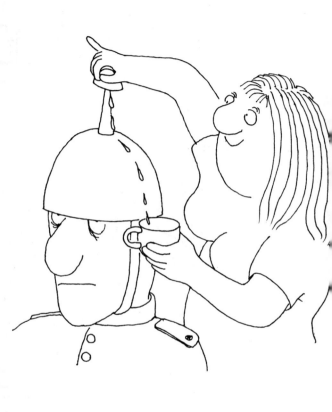

EMANZIPATION

...DASS DU AN UNSEREM HOCH-
ZEITSTAG EINE NARRENKAPPE
AUFSETZT?"

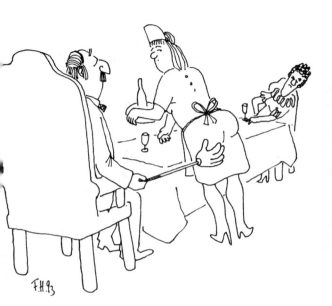

"So bringen sie mich

"...desmal zum Flugzeug.."

Wehrsport

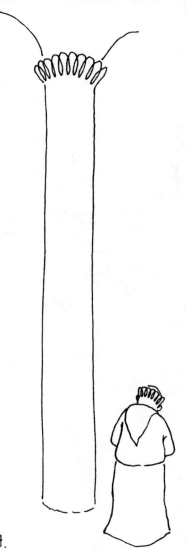

Oscar Lenius

Der stilvoll gekleidete Herr

Ein Ratgeber

Sie sind in Kleidungsfragen unsicher?

Der vorliegende Band macht Ihnen die Welt der Herrenkleidung verständlich: Was ist beim Einkauf zu beachten, was ziehe ich an, wie kleide ich mich anlaßgerecht?

Welche Fehler lassen sich leicht vermeiden? Greifen Sie zu den angebotenen Hinweisen! Sich stilvoll zu kleiden ist auch Männern möglich.

Was also zieht der stilvoll gekleidete Mann an und was benötigt er heute?

Aktuelle Antworten bietet Ihnen dieses Buch.

2. Aufl., 200 S., 10 x 17 cm, 24,80 DM (unv. PE), gb., ISBN 3-8258-3120-5

LIT VERLAG

Münster – Hamburg – London

Grevener Straße 179	48159 Münster	Tel. 0251-23 50 91
Fax 0251-23 19 72	E-Mail: lit@lit-verlag.de	http://www.lit-verlag.de

Hardy Amiens

Anzug und Gentleman

Von der feinen englischen Art sich zu kleiden

Dieses Buch will unterhalten. Sir Hardy Amies bietet ein zweifaches Vergnügen.

Er entrollt die facettenreiche Geschichte des Anzugs von seinen englischen Ursprüngen bis heute. Der Anzug dominiert weltweit die Kleidung der Männerwelt. Auch Jeans, Freizeitkleidung und das Damenkostüm verdanken ihre heutige Form dem Anzug.

Kleidung verrät, ähnlich wie Sprache, manches über die Herkunft von Personen. Sir Hardy Amies hilft Ihnen, als englischer Gentleman, die Welt der Herrenkleidung zu verstehen – und, wenn Sie es wollen, sich oder Ihren Partner besser zu kleiden.

Sir Hardy Amies wurde 1909 in London geboren. 1945 eröffnete er sein eigenes Modehaus in 14 Savile Row, dem Zentrum englischer Schneiderkunst.

Er entwirft sowohl Damen- als auch Herrenkollektionen und arbeitet seit über 40 Jahren als Hofschneider: Dressmaker by Appointment to Queen Elizabeth II.

*2. Aufl., 120 S., zahlr. Abb., 34,80 DM (unv. PE), gb.,
ISBN 3-8258-3465-5*

LIT VERLAG

Münster – Hamburg – London

| Grevener Straße 179 | 48159 Münster | Tel. 0251-23 50 91 |
| Fax 0251-23 19 72 | E-Mail: lit@lit-verlag.de | http://www.lit-verlag.de |